Lee, Piensa Y Cambia

Isaac Santana

Lee, piensa y cambia

Isaac Santana

2018

Editorial SANTUARIO

Av. Pedro Henríquez Ureña No. 134,

La Esperilla, Santo Domingo, Rep. Dom.

E-mail: editorialsantuario@gmail.com

Tel: 809 412-2447

Impreso en República Dominicana

Dedicación

A mi madre Carmen y mi padre Ángel; No hay palabras que puedan describir como me siento y siempre le agradeceré a Dios de que me hicieran. Tuve una linda infancia gracias a ustedes.

A todos aquellos que les gusta aprender de mí y a todos los que constantemente me hacían mejorar y adaptar frente a los cambios.

Tabla de contenido

¿De qué trata este libro? 5
Introducción 8
Futuro Tú 11
Hábitos y Cambios 22
Auto-Aprecio 36
Piensa 49
Fuera Del Mundo 65
Relaciones significativas 77
¿Por qué? 86
¡Solo hazlo! 95
Reconocimiento 109
Sobre el autor 110

¿De qué trata este libro?

Este libro intenta ayudar y educar mejor a las personas que aún no han encontrado su propósito en la vida. Este no es ni un libro motivacional ni un libro que te "convertirá en un millonario en cinco pasos."

Este libro reúne ideas y conceptos que se consideran tabúes y nadie parece entenderlos ni hablarlos con los demás.
Mi ideal es poder alcanzar a aquellos que buscan la verdadera libertad mediante la comprensión de las cosas. Creo que el conocimiento es poder y también puede otorgarte control sobre la situación y los demás.

Al utilizar la información provista, debes comprometerte contigo mismo, ya que nadie más es responsable de tu desarrollo, y ninguna otra persona debe ser más consciente de tus defectos personales que tú.

Todos sabemos que la motivación es una herramienta poderosa para lograr nuestros objetivos, pero es completamente inútil sin ningún sentido de acción impulsora.

Para ser más específico sobre este asunto, cuando te sientes motivado, sientes que realmente quieres cambiar las cosas a tu alrededor. Sin embargo, **querer** y **hacer** no deben confundirse al buscar el impulso y el progreso.

Siempre podemos hablar sobre las cosas que queremos lograr, siempre podemos quejarnos sobre nuestra situación actual o sobre las cosas que tenemos o no tenemos. Sin embargo, si no estamos comprometidos a hacer y poner nuestras ideas y sueños en acciones, eso es todo lo que serán, ideas y sueños. Pura fantasía que imaginamos para escapar de nuestra realidad actual.

Una pregunta importante para ti es,

¿Te gusta tu situación actual?

Suponiendo que la respuesta sea negativa,

¿Por qué sigues esperando un cambio sin hacer nada al respecto?

Este libro se enfoca en técnicas muy detalladas para superar algunos de los hábitos e influencias que consumen más tiempo de nuestras vidas en la actualidad.

Este libro también te proporcionará pautas específicas para poner en acción a medida que aprendes en cada página que leas. El objetivo final es desafiarte y ayudarte a tomar una decisión de una vez por todas.

Deja de poner excusas y deja de culpar a otros por el estilo de vida que tienes. Recuerda que nadie más que tú tiene el control de tu fortuna.

*"Saber no es suficiente, debemos aplicar.
La voluntad no es suficiennte, debemos hacer."*
-Bruce Lee

Introducción

En primer lugar, felicitaciones. Acabas de tomar la decisión de leer este libro. Decidiste que es suficiente y estás cansado de vivir la vida como esclavo de tus hábitos. Sin embargo, ten en cuenta que en el proceso de cambiar tu vida tienes que dominar nuevas habilidades que permitirán la capacidad de procesar información y también debes ser enseñable y estar abierto a las críticas.

Pronto descubrirás que algunos de tus hábitos actuales, información, ideas sobre relaciones, definición de cosas y consejos son constantemente obsoletos, si no, inútiles.

Lo que quiero decir es que al querer convertirnos en algo mucho más grande, no podemos seguir repitiendo los mismos patrones. Debemos dejar de lado el conocimiento pasado para dejar entrar nueva información.

A lo largo de este libro, debes comprometerte a cumplir con los diversos desafíos a los que se te pedirá que enfrentes al leer. No quiero que apiles este libro con otros libros que has terminado y que ahora están acumulando polvo donde sea que los coloques. Sigue y analiza completamente la información obtenida al leer este libro.

Te sorprenderás de cómo las cosas generalmente comenzarán a tener más sentido para ti. Encontrarás algunas de las respuestas que estás buscando en este libro, pero no todas.

El propósito de este libro NO es enseñarte todo.

El objetivo es expandir su sabiduría y habilidades para hacer cosas más grandes con tu vida y abrir tus ojos a nuevas oportunidades, además de brindarte la oportunidad de contribuir con otras personas.

No te estoy pidiendo que estés de acuerdo con todo lo que encuentres aquí, porque podría estar equivocado en muchas cosas, pero te estoy pidiendo compromiso y obediencia.

Toma las ideas y ajústalas a tu vida. Si las encuentras útiles, siéntete libre de usar la información y aprende. Pero también puedes ignorar cualquier cosa que encuentres que sea inútil.

El libro cambiará tu forma de pensar, te hará crecer y, lo que es más importante, te desafiará. Siéntete libre de agarrar un bolígrafo y resaltador. Quiero que escribas, marques con un círculo y subrayes lo que encuentres útil en este libro. También puedes tomar notas de las ideas y escribirlas en una hoja de papel o en las paredes de tu habitación, donde lo desees. Haz lo que quieras con la información aquí. Solo quiero que HAGAS y UTILICES todo lo que verás aquí. Una vez más, no solo leas este libro, USA este libro. Recuerda, el conocimiento sin acción es impotente.

Futuro Tú

El concepto de *tu del futuro* significa tener una imagen clara de a dónde quieres ir con tu vida. Significa decidir cuáles son tus valores y establecer metas. Sé que algunos de ustedes pueden estar pensando "No sé lo que quiero ser cuando crezca". Si te hace sentir mejor, soy un adulto y todavía no sé en qué me quiero convertir.

Al pensar en tu futuro no me refiero a describir cada pequeño detalle de tu vida, simplemente, debes pensar más allá del presente o del mañana. Decide qué dirección quieres tomar con tu vida, de esa manera, cada paso que tomes siempre estará en la dirección correcta.

Al igual que muchos otros, he tenido muchas dificultades en la vida. Nuestro pasado está cargado de malas experiencias y callejones sin salida. Desafortunadamente, no todos tenemos la oportunidad de conocer a las personas adecuadas en el momento adecuado, como consecuencia, la vida se vuelve cada vez más difícil.

Considérate bendecido si alguna vez has tenido a alguien en tu vida que te haya instruido y guiado en algún momento.

Considérate bendecido si actualmente tienes a alguien así a tu alrededor, porque aunque algunas personas no lo aprecien, para otros la vida podría ser positivamente diferente.

Es muy común ver a muchas personas en problemas emocionales y/o financieros en la actualidad. Tal vez, la mayoría de ellos solo necesitaban algún tipo de apoyo emocional o cierto grado de creencia en el pasado que les hubiera asegurado que no tienen que someterse a su realidad.

Lamentablemente, para la mayoría de nosotros, las opiniones de otros terminan convirtiéndose en nuestra realidad cuando lo permitimos. No importa qué tan grande sea el problema que atraviesas, si no te visualizas fuera de él, te consumirá.

Si tienes una gran ambición y no te ves alcanzándola, probablemente nunca lo harás. Solo podemos profundizar hasta cierto punto en la psicología humana que la mayoría de las veces, es tan asombroso lo que podemos lograr únicamente con el pensamiento.

Hay una poderosa historia contada por el Sr. Les Brown en una de sus cintas y quiero compartirla contigo.

En el estado de Ohio había una persona en particular que todos conocían. La gente lo llamaba "Chicken man"(Hombre pollo). Tenía plumas en su sombrero, tenía un juguete de pollo encima de su auto que manejaba por el área del centro de la ciudad, parpadeando sus luces y ocasionalmente tocando su bocina.

Cuando salía de su auto, se secaba y caminaba hacia el centro con un cochecito de bebé con dos muñequitas y la foto de una mujer. Cuando le decías algo o te acercabas a él, lo oirías hacer los sonidos de una gallina. Todo el mundo solía reírse de Chicken man. Sin embargo, esas personas no conocían la historia de Chicken man.

Chicken man se despertó una mañana alrededor de las 3:00 am. Y su casa estaba en llamas. Se asustó y salió por la ventana, se fue rápidamente. Solo para salir a escuchar a sus hijas y su esposa gritando por ayuda. Corrió hacia la puerta para entrar a salvarlos, pero las llamas estaban demasiado calientes. Trató de entrar, pero no pudo. Estaba desesperado, frenético.

Muy pronto los gritos cesaron, perecieron en el fuego. Su cuñado llegó y descubrió que su hermana había muerto junto con sus sobrinas en el fuego.

Agarró a Chicken Man y comenzó a golpearlo mientras gritaba: "¡TÚ ERES UN GALLINA! ¿POR QUÉ NO SALVASTE A MI HERMANA? ERES UN GALLINA! ¡ERES UN GALLINA! "Cuando la gente de allí finalmente lo detuvieron, le preguntaban a Chicken man como se sentía.

Chicken man los miró y comenzó a hacer los sonidos de un pollo.

Chicken man nunca superó esa tragedia.

Chicken man quedó atrapado por esa experiencia y nadie sabía por qué caminaba con esa foto y las muñequitas. Él permitió que su tragedia destruyera su vida.

Todos nosotros hemos experimentado algunas tragedias y si no lo hemos hecho, lo haremos. Puedes dejar que te destruya completamente o puedes sobre ponerte a ellas.

Quiero compartir el siguiente punto contigo. Esto requiere coraje, por eso muchas personas no hablan de ello tan a menudo. Quiero mostrarte lo que significa la verdad futura.

Si vas a mentir sobre ti, ¿por qué no decirte a ti mismo una mentira grande una y otra vez? Al principio es muy difícil, pero si ejecutas este proceso y puedes usarlo positivamente, puedes encontrar un arma muy poderosa en sus manos.

Ahora, podrías estar pensando, "espera un momento, ¿entonces me estás diciendo que me mienta?"

Sí, eso es exactamente lo que estoy diciendo.

La ciencia detrás de esto es que pasamos la mayor parte de nuestras vidas mintiendo sobre todo, y la verdad es que, probablemente, el cincuenta por ciento de todo lo que nos decimos a nosotros mismos, si no más, es basura.

Solo piensa en ello. ¿No sería bueno intercambiar las palabras? "soy un perdedor" por "puedo hacerlo" o "es demasiado difícil o es imposible" por "puedo aprenderlo", "soy increíble y estoy destinado a hacer algo grande con mi vida."

Entiendo que esto es difícil para la mayoría, porque estás mintiendo. Pero es una mentira actual. No significa que sea una mentira futura. Es una verdad futura. Así que de nuevo. Es una mentira actual, pero es una verdad futura.

Cuando te dices una gran mentira una y otra vez, eventualmente terminas creyéndolo y te conviertes en esa mentira. Lo que trato de transmitir es; que los seres humanos, seguimos absolutamente a quienes creemos que somos.

Todos actuamos de acuerdo con quienes creemos que somos. Como dice el Sr. Tony Robbins. "La fuerza más poderosa en toda la personalidad humana es la necesidad de mantener la coherencia con la forma en que nos definimos."

Echemos un vistazo a lo siguiente. ¿Alguna vez has visto a gente atar un caballo grande y poderoso a una silla o un palo clavado en el suelo? Sabes que el caballo puede arrastrar la silla o incluso arrancar el palo del suelo casi sin esfuerzo, y aun así; el caballo no lucha y ni siquiera lo intenta. Simplemente se queda allí esperando.

Entonces, ¿por qué pasa ésto?

Porque el caballo está condicionado.

En República Dominicana, hay una pequeña ciudad llamada Santiago Rodríguez. Mis abuelos son dueños de una granja allí. Recuerdo ir muy a menudo en las vacaciones escolares y recuerdo la forma en que las personas domesticaban a los caballos salvajes.

Los agricultores los entrenan cuando aún son jóvenes. Cuando los caballos aún no tienen mucha fuerza. Los agricultores colocan una gran cuerda alrededor de su cuello y los atan a un enorme palo en el suelo durante varios días.

El caballo pelea y pelea y muerde la cuerda hasta que un día el caballo finalmente decide que no es capaz de arrancar el palo. Una vez que se convierte en la definición de cualquier persona, un caballo en este caso. Ni siquiera lo intentan más.

A menudo decimos: "Es quién soy y así es como es. Así es como es en mi vida". Muy a menudo en nuestra juventud tomamos la decisión sobre qué somos capaces de hacer, qué creer y quiénes somos como persona. Muchas personas viven la vida según las decisiones que tomaron hace muchos años y el problema con esto es que se convierte en la idea que nos controla.

La mayoría de las personas se definen a sí mismas de manera negativa, y tristemente; eso es lo que van a obtener. Si tratas de aprender algo nuevo, o quizás; creas una gran compañía porque siempre ha sido tu sueño y dices: "Eso no es para mí. No estudié en xyz universidad. ¿Sabes? vengo de una familia trabajadora y creemos que el dinero es malo." O si intentas bajar de peso y dices: "Siempre he tenido sobrepeso. Soy de huesos grandes."

Si esa es la historia que tienes, entonces esas son tus creencias y siempre encontrarás una manera de volver allí. Esa es tu identidad y siempre te quedarás atascado con los mismos pensamientos. No te verás más allá de esas limitaciones.

Cuando enfrentes un gran desafío o te pongas una meta grande, te sugiero que "analices el panorama general". Por ejemplo, concéntrate en las pequeñas tareas que debes realizar y las habilidades que debes dominar para llegar a donde realmente deseas estar.

Al ganar en las pequeñas cosas, creas impulso; y lo que realmente haces; es aumentar tu confianza hasta cierto punto que cuando ves progreso te comprometes más y más con lo que estás haciendo, así que encuentras una forma de auto-motivación y eso te mantiene esforzándote.

La idea no es enfocarse en un cambio dramático, sino que debemos enfocarnos en los pequeños detalles que eventualmente nos llevarán allí. Por ejemplo, ¿qué pasa si puedes ampliar tu visión? En lugar de decirte a ti mismo constantemente que debes perder cincuenta o cuarenta libras. Concéntrate en beber agua y eliminas el consumo de refrescos y jugos azucarados. ¿Y si en lugar de pensar que debes convertirte en millonario, te concentras en las cosas pequeñas? Aprender un segundo idioma, leer libros, ir a seminarios, trabajar para mejorar tus finanzas personales y dominar las habilidades necesarias para convertirte en uno.

La idea aquí es centrarse en la distancia entre donde estás ahora y dónde quieres estar. Mírate y evalúa los cambios que necesitas hacer y las cosas que necesitas aprender para llegar a donde quieres llegar.

¿No sería genial lograr todas esas pequeñas cosas que repetidamente nos aplazamos para hacer?

Nadie espera nada de ti, pero si deseas hacer algo grandioso, debes exigir más y más de ti.

Si alguna vez le has dicho a tu madre, a tu padre, a tu novio, a tu novia o a un amigo cosas como: "¿por qué nunca me dices algo especial?" "¿Por qué no dices que soy un/a gran persona?" "¿Por qué no me apoyas más?" Si ese es tu caso o si alguna vez lo has pensado, simplemente detente. Completamente. No esperes que nadie haga eso por ti. No los esperes. ¡Comienza contigo!

"¿Un día o Día uno?"

-Les Brown

Toma Acción

Lista de quehaceres:

1- Tomar tiempo y pensar. Escribe una declaración de misión personal. Este es un credo o lema personal que establece de qué trata tu vida. Céntrate en lo que quieres lograr, no en tu padre, no en tu madre. ¡TÚ! Escribe tus declaraciones en una hoja de papel o mejor aún, lleva un diario.

Ahora divídelos en pequeños pasos o habilidades que necesitas dominar para llegar allí. Comienza por hacer constantemente esas pequeñas cosas hasta que domines todos y cada uno de ellos. Esto te abrirá los ojos a lo que es realmente importante para ti y te ayudará a tomar decisiones que se alinean a tus metas.

Hábitos y Cambios

Aprendimos lo importante que es verse en el futuro y lo destructivo que puede ser creer que no puedes hacer algo. En este capítulo aprenderemos cómo nacen los hábitos y cómo vencer a los malos.

La mayoría de nuestras actividades de la vida diaria son en realidad hábitos. Aprendemos cierto conjunto de habilidades y las usamos repetidamente hasta que se convierten en parte de nosotros por el resto de nuestra vida.

Lo que significa que, ya sea que aprendamos buenos o malos hábitos, nos seguirán por siempre. Sin embargo, hay un truco para esto. No podemos borrar un hábito de nuestras mentes y no podemos simplemente olvidar algo que ya hemos hecho durante tanto tiempo, PERO sí tenemos el poder de cambiar esos hábitos por algo más significativo.

Tomemos una perspectiva más objetiva. ¿Qué es un hábito? Algunos dicen que es un comportamiento automático que ocurre en respuesta a una situación específica.

Los hábitos se vuelven involuntarios después de ser seguidos regularmente durante largos períodos de tiempo. Un hábito comienza cuando nos enfrentamos o estamos expuestos a cierta situación, lugar, sentimiento o acción.

También podemos referirnos a estos como iniciadores del hábito. Por ejemplo, esto puede ser algo simple, como llegar a casa después del trabajo, entonces el siguiente punto es: ¿qué debo hacer a continuación? Lo cierto es que a nuestras mentes y cuerpos les encanta seguir patrones.

Los hace sentir seguros porque constantemente hacen algo que es familiar y predecible. La respuesta a la pregunta, "¿qué hago después? (En casa después del trabajo)" se encuentra en el siguiente factor, una acción. Tal vez, lo primero que haces después de llegar a casa es ver la televisión o los videos en las redes sociales, o simplemente cenar.

Lo que sea que hagas, son los resultados de un iniciador, donde te encuentras en una situación difícil y encuentras lo siguiente que debes hacer.

Ahora con el fin de formar un hábito después de los dos puntos clave que acabamos de hablar. Hay un paso más que debe cumplirse para que surja un hábito. Necesitamos cierto nivel de satisfacción de lo que intentamos hacer constantemente.

Puedes ver este último paso como algún tipo de beneficio que queremos recibir. Al pasar por estos tres pasos, nos encontramos enganchados a un hábito bueno o destructivo.

Esto es a lo que nos referimos con un bucle de hábitos, que es algo que sigue un patrón y, a menos que se cambie o se interrumpa, no se detendrá.

Cuando creamos nuestros hábitos son muy difíciles de liberar. Por ejemplo, si aplicamos estos mismos principios en situaciones de la vida real, el resultado será similar al siguiente;
Vuelvo a casa después del trabajo (Iniciador), me siento (o me acuesto en la cama) y veo algunos videos en YouTube (Acción), ¿por qué? Porque quiero entretenerme u olvidarme de mi día (El beneficio o satisfacción).

Echemos un vistazo a lo siguiente. Va a ser un hábito destructivo que ocurre muy a menudo;

Me encuentro con mis amigos (Iniciador), no tenemos nada que hacer, así que uno de ellos me da un cigarrillo (Acción), y finalmente me engancho a eso por la adicción a la nicotina y los estímulos de la hormona llamada dopamina (Beneficio o satisfacción).

Estoy seguro de que con estos dos ejemplos podrás comprender mejor de dónde provienen los hábitos. Puedes evaluar tus rutinas y aplicar la misma fórmula.

Te darás cuenta de que no hay otra manera de evitarlo. Si queremos crear buenos hábitos, debemos adoptar un enfoque positivo (acciones), uno que se alinee con lo que queremos para un futuro mejor.

Lo que quiero decir es: si tienes un objetivo claro y sabes que necesitas aprender cierto conjunto de habilidades para llegar a donde quieres estar; cuando regreses a casa después del trabajo (o escuela), no busques usar tu teléfono o televisor; ve a los libros. Tampoco salgas con personas negativas, busca aquellas que compartan tu misma visión.

Ahora que hemos entendido cómo se forman los hábitos. La pregunta es la siguiente: ¿Podemos realmente liberarnos de un mal hábito? Quiero decir, sabemos que no podemos olvidar los hábitos y no podemos simplemente borrarlos, así que, ¿qué podemos hacer en esta situación en particular? Así surge nuevamente la pregunta; ¿Realmente puedes liberarte de un mal hábito?

¡SÍ! Enfáticamente.

Por supuesto, no podemos simplemente borrar los hábitos, ¡pero podemos CAMBIARLOS!
Ahora viene la parte difícil.

Para que un hábito se quede contigo por mucho tiempo, debe haber cierto nivel de beneficio o satisfacción asociado a él, sin duda. De lo contrario, no lo adoptaríamos en nuestras rutinas en primer lugar. La solución simple a un mal hábito es reemplazarlo por uno bueno que también trae grandes beneficios y/o satisfacción. Por ejemplo, si tomamos los ejemplos anteriores, sabemos que el hábito es: Volviendo a casa, viendo videos en YouTube, porque queremos entretenernos.
Para liberarnos de ese mal hábito debemos encontrar algo que queremos lograr. Digamos que no te gusta tu trabajo y quieres convertirte

en dueño de un negocio, o quieres hacer otra cosa donde te sientas más apreciado. Lo que sea que quieras.

El cambio es simple porque quieres algo lo suficientemente como para hacer un esfuerzo por conseguirlo.

La rutina será similar, lo único que debemos hacer es cambiar el resultado. Por ejemplo, volvemos a casa, pasamos a YouTube, ¡PERO! Ahora buscamos videos de "Cómo hacer/ser...".

Contenido que nos puede educar sobre las cosas que nos ayudarán a lograr las metas que queremos en el futuro; Cómo vender, cómo ser disciplinado, cómo ingresar a cierta industria, etc.

El beneficio y/o la satisfacción que tiene es saber que pronto podrás alcanzar la libertad financiera, o tal vez la independencia o cualquier beneficio que puedas, tanto como tengas un objetivo claro del nivel en el que necesitas estar para alcanzar tu propio sentido de la felicidad.

La misma técnica puede usarse para romper el segundo mal hábito; fumar. Requiere los mismos principios, solo un simple cambio de resultado. Entonces, digamos que tú fumas (o cualquier otro mal hábito) y ese es un hábito que deseas dejar para siempre. ¿Cómo lo haces?

La respuesta sigue siendo la misma, debemos cambiarlo por algo que consideremos bueno y que también conlleva beneficios y/o satisfacción.

Entonces, mirando los beneficios y/o satisfacción de fumar (a mi entender);

• Existe el hecho de que las personas lo hacen para encajar con ciertos "amigos".

• Existe la adicción a la nicotina que es un estimulante.

• Libera cierto grado de la hormona llamada dopamina, que es la hormona que provoca el placer.

• Algunas personas fuman porque les ayuda con la ansiedad y/o la depresión.

Bien, estos son algunos de los puntos en los que puedo pensar, puede que haya más, pero trabajemos con estos.

Sin embargo, lo vemos, puedes comprender que cada una de las razones mencionadas anteriormente conlleva beneficios y/o satisfacción, no hay duda al respecto.

Ahora, para liberarte del hábito de fumar (o cualquier otro que desees cambiar), debes encontrar algo que tenga una gran influencia en tu decisión de dejar de fumar. Eso debe ser algo que es más grande que tú.

Debes usar una poderosa razón como combustible para inspirarte a dejar de hacer eso. Las personas a menudo se apoyan en sus hijos (u otros miembros de la familia) para dar un ejemplo positivo.

Esto podría ser el hecho de que tú quieres ser un buen padre o un gran esposo o esposa, etc. También hay personas (no todos) que consideran su salud y entienden que fumar los está matando internamente y se dan cuenta de que no van a durar tanto como lo desean.

O existen aquellos que simplemente están cansados de hacerlo y lo dejan para ahorrar algo de dinero extra para otra cosa.

Cualquiera que sea la razón que tengas (o desees), debe ser profunda y significativa para ti. Debe ser algo que pueda superar el caprichoso y vacío deseo de fumar (en este caso).

Veamos el siguiente punto.

Una de las cosas que las personas temen hacer es cambiar. Y no lamento hacerte saber que el cambio es completamente inevitable. No hay nada que tú ni yo podamos hacer al respecto. Sin embargo, hay personas que eligen cambiar, así que, ¿qué nos hace hacerlo voluntariamente?

Una vez más, la pregunta del millón es: ¿Qué causa que las personas cambien?

Uno de ellos se atribuye a *El Cambio Intencional*. Este primer punto nos dice que una persona decide dejar un mal hábito, elige perder peso, elige casarse, etc. Y todos estos cambios ocurren voluntariamente por una razón u otra. A sabiendas, toma una decisión y la sigue. Simple como eso.

El siguiente punto que quiero compartir contigo proviene de la evolución de una persona, *El Cambio Natural*. Lo que quiero transmitir aquí es que la versión de 10 años de edad de ti no pensará de la misma manera ni querrá lo mismo que la versión de 20 años de edad de ti o la versión de 40 años de edad de ti. Por lo tanto, ninguno de nosotros va a ser el mismo hoy que dentro de 10 años.

Puede ser positivo o negativo, ¡pero el cambio va a pasar!

El siguiente punto es un *evento que cambia la vida*. Este puede ser accidental o intencional. Permíteme que te lo explique. Los eventos que cambian la vida y que ocurren accidentalmente son aquellas cosas sobre las que no tenemos control. Por ejemplo: muerte de alguien cercano, conocer a alguien inesperado, tener un bebé (si fue un accidente), etc.

Ahora, el otro lado de la moneda es el evento de cambio de vida que ocurre intencionalmente. Esto significa, una vez más, que tomas la decisión de involucrarte en algo realmente grande que marca el comienzo de un hito. Por ejemplo: eliges graduarte, te mudas a una ciudad o país diferente, decides tener un bebé, eliges salir con alguien y eventualmente casarte, etc.

El último punto del que quiero hablar es *El Cambio Por La Fuerza*. Este último te pone en una situación muy complicada, porque no tienes otra opción y, a veces, incluso puede significar cambiar o morir.

Por ejemplo: tú vives en un área muy peligrosa, estás cansado de ser asaltado hasta que un día tienes suficiente y haces todo lo que está a tu alcance para salir de esa área. O digamos que tienes una vida muy cómoda, viviendo en una casa grande, ganando una cantidad significativa de dinero, pero algo sucede y pierdes todo. Eso es algo con lo que debes lidiar no porque quieras, sino porque tienes que hacerlo.

Otro desencadenante también puede implicar la pérdida de tu padre o tu madre a temprana edad (que Dios te libre de eso). Este es un evento revelador en el que tenemos que confiar en nosotros mismos para seguir avanzando y para algunas personas, como dije, puede significar cambiar o morir.

Ahora que hemos entendido cuáles son algunos factores desencadenantes para el cambio, también podemos cubrir las razones por las que algunas personas toman la decisión de cambiar, y esta puede ser una de las razones de tu cambio:

Aburrimiento; para algunas personas, lo que hacen, lo que estudian y lo que ven a diario de repente se vuelve monótono. La vida ya no es emocionante y este grupo quiere un cambio de mentalidad que pueda ayudarles a enamorarse de la vida una vez más.

Inspiración; Tal vez lees un libro o aprendiste algo nuevo. Sea lo que sea, estás inspirado para cambiar y quieres encontrar el significado y el propósito de tu vida.

Frustración; odias tu trabajo, estás cansado de tu situación financiera, tienes una relación tóxica con alguien y todas esas cosas te llevan al punto en que debes cambiar por completo para revivir completamente tu espíritu y recuperar tu dignidad como ser humano.

Algo que es extremadamente importante saber es que el cambio también puede ser situacional. Puede ser incontrolable. Por ejemplo: tener diferentes tipos de padres, pobres o ricos, crecer en un país diferente, ser alérgico a ciertas cosas, etc. Una vez más, estas son algunas de las cosas que no podemos cambiar, simplemente sucedieron así y tenemos que vivir con ellas.

Los siguientes son controlables. Esos son tu carrera, tu trabajo, tus amigos, tus relaciones, lo que aprendes, etc.

Esas son las cosas sobre las que tenemos control y elegimos aprender o encontrar personas que puedan influir en nuestras vidas para mejor.

Como ya dije, el cambio te pasará a ti, a mí y a todos los que conocemos.

¡El cambio no es opcional, es absoluto y eso es seguro! Quiero decirte que el cambio puede ser positivo o negativo; sin embargo, el cambio positivo solo se producirá en aquellas personas que están dispuestas a cambiar y optan por cambiar, y no hay otra forma de evitarlo.

"El cambio ocurre cuando el dolor de quedarse igual se vuelve mayor que el dolor del cambio."

-Tony Robbins

Toma Acción

Lista de quehaceres;

1- Haz una lista de los malos hábitos que te gustaría cambiar. Si crees que no tienes malos hábitos, pregúntale a alguien que te conozca bien. Establece una fecha límite y comienza a trabajar en las pequeñas cosas que debes hacer para cambiar. Siéntete libre de pedir ayuda, especialmente de las personas que tienen una gran experiencia superando malos hábitos (como el que tú estás atravesando) y pídeles consejos.

Auto-Aprecio

Hemos aprendido que el cambio es inevitable. Para cambiar nuestro futuro y las cosas que nos rodean, primero debemos cambiarnos a nosotros mismos.

La próxima idea te dará más información sobre cómo las personas se ven a sí mismas. A veces, queremos que se produzca un cambio porque no estamos contentos con nuestra autoimagen, pero puedo decirles que desear el cambio no es suficiente, debemos trabajar duro en ello.

En mis días de escuela recuerdo haber tomado varias pruebas para determinar qué tipo de personalidad tenía. Algunas de esas pruebas también fueron diseñadas para medir mi autoestima. Como adulto, he desarrollado una gran pasión por el aprendizaje, sin embargo, en mis días escolares no era muy inteligente.

Mis maestros me recordaban constantemente lo importante que es tener una alta autoestima. Uno debía apreciarse y era importante saber que uno era especial.

Por supuesto, nada de esto tenía sentido para mí en aquel entonces porque nadie me enseñó lo que eso significaba y terminé por ignorarlo por completo.

Mi madre me decía constantemente que yo era especial y muy inteligente, aunque no me sentía como tal ni mis calificaciones lo reflejaban. Ella siempre me animaba a tener amigos, pero era muy tímido para hablar con la gente. Por alguna razón, siempre me vi a mí mismo como un chico feo y cuando hablaba con otros rara vez los miraba a los ojos, pero muchas cosas han cambiado desde entonces.

La palabra autoestima ha sido definida, mal utilizada y modificada por muchas personas. Pero creo que la mejor manera de verlo es llamándolo *auto aprecio*. Muchos definirían la autoestima como la auto-admiración. Otros dirían que tener una alta autoestima te da satisfacción en base a nada.

Sin embargo, como sea que pongas este término, todo vuelve a un solo factor; TÚ.

El auto aprecio implica cómo te tratas a ti mismo, cómo te cuidas de una manera saludable y cómo contribuyes a hacer del mundo un lugar mejor.

Por supuesto, al discutir el concepto de auto aprecio, también debemos definir lo que implica la autoestima la cual sin duda está influenciada por tu auto aprecio.

Sin embargo, no son lo mismo. Pero ¿cuál es la diferencia?

La autoestima se basa principalmente en fuentes externas a ti que no controlas realmente. La autoestima encapsula los pensamientos y sentimientos que experimentas en cada momento. Estos pensamientos y sentimientos tienen un impacto directo en tus resultados, comportamiento y desempeño.

La forma en que te sientes sobre ti mismo está fuertemente influenciada por la forma en que crees que te juzgas en comparación con los demás. En otras palabras, tu autoestima se deriva de lo que crees que los demás piensan de ti basados en tus resultados y acciones.

Con todo esto dicho, es fácil inferir que la autoestima no es algo que fluye desde dentro de nosotros, sino una fuerza externa y por consiguiente altera cómo nos sentimos en un momento dado.

Considerando que cómo nos sentimos en un momento dado se basa en nuestra perspectiva e interpretación de nuestra realidad. La autoestima es bastante voluble y puede cambiar con las opiniones y circunstancias. Sin embargo, esto no es cierto para aquellos que poseen un alto nivel de auto aprecio.

Ahora que podemos sacar la autoestima de la imagen, vamos a discutir más a fondo lo que quiero decir con auto aprecio.

El auto aprecio es un estado interno que proviene de la auto comprensión, el amor propio y la autoaceptación. Tiene el poder de transformar nuestras vidas para bien.

Este estado es algo atemporal e inmutable porque es una medida directa de cómo nos valoramos y nos consideramos a pesar de lo que otros puedan decir o hacer. Esto no es, por lo tanto, algo inconstante que cambia fácilmente debido a factores externos o circunstanciales.

Los altos niveles de auto aprecio se traducen en tener una fe inquebrantable en nosotros mismos y en las habilidades que poseemos para cumplir y hacer las cosas. Esto absolutamente significa sentirse merecedor de cosas buenas y fortunas tales como: felicidad, amor, salud, riqueza y éxito; independientemente de las dificultades que enfrentemos, las decepciones que experimentemos o las opiniones de los demás.

Tener un alto nivel de auto aprecio significa aceptarse de todo corazón en todo momento a pesar de tus defectos, debilidades y limitaciones. Se trata de reconocer el valor real de quién eres, aquí mismo, ahora mismo, en este momento presente.

Con todo esto, quiero decir que nada fuera de nuestro "ser" influye en cómo nos sentimos acerca de nosotros mismos. Nuestra sola influencia es la única razón válida para que nos preocupemos y eso es esencial, ya que de ahí proviene nuestro poder personal.

Entonces, todo esto suena increíble, ¿no es así? Todos podemos estar de acuerdo en que tener un alto nivel de auto aprecio, es sin duda, un valor tremendo. La pregunta aún persiste:

¿Cómo construimos nuestro auto aprecio?

¿Cómo damos la vuelta a nuestro mundo para empoderar nuestras decisiones y acciones diarias para ayudarnos a lograr los resultados deseados?

Esto no es, por supuesto, algo que haces una vez y luego te olvidas de ello. Es algo en lo que debes trabajar constante e incansablemente. Y esa es la única forma en que construirás algo de valor real si me lo preguntas.

Veamos estos 5 pasos para aumentar nuestro auto aprecio;

1- Compréndete

Cómo te percibes a ti mismo, cómo hablas de ti mismo y cómo te representas a ti mismo eventualmente se convierte en la realidad para ti. Y si sucede que te estás rebajando, disminuyendo tus talentos y habilidades frente a otros, entonces te verás cómo auto-victima. Y hay una diferencia entre humildad y abnegación.

Sin embargo, si exageras tus talentos y habilidades, te verás arrogante y egoísta. No se trata de sobrevaluar tu auto aprecio, sino de ver a través de tus inseguridades. Reconocer que tú eres una persona valiosa y que tus talentos y pensamientos son únicos y valiosos. Este paso es complicado de dominar si has vivido toda su vida según los estándares de otros, pero siempre es posible cambiar tu mentalidad y aprender a valorarte a ti mismo.

2- Superar el miedo al amor propio.

El amor propio está a menudo en una balanza con el narcisismo y el egoísmo. Esto se debe en parte a que la gente a menudo malinterpreta la definición de amor y lo que realmente implica. El amor a menudo está lleno de dogmas que hemos escuchado toda nuestra vida, por ejemplo:

Hacer el bien a los demás, ser caritativo y darse a sí mismo, si bien estas son razones nobles pueden fácilmente ser desproporcionadas y llevar a poner las propias necesidades y deseos por debajo de las de los demás por temor a ser percibidos como egoístas o auto centrados.

El amor propio y saludable tiene que ver con ser tu mejor amigo. No se trata de alabarte todo el día y de anunciar permanentemente lo bueno que eres (eso es inseguridad); más bien, el amor propio consiste en tratarse con el mismo cuidado, tolerancia, generosidad y compasión que tratarías a un amigo especial.

Detén la obsesión de dar prioridad constantemente a las opiniones de los demás sobre ti. Solo tú puedes definirte y solo tú tienes el control de aumentar tu valor.

Aceptarte completamente a ti mismo a pesar de todos tus defectos, debilidades y limitaciones es absolutamente crítico para desarrollar un alto nivel de auto aprecio.

3- Confía en tu instinto.

El auto aprecio requiere que escuches y confíes en tus propios sentimientos y no respondas automáticamente a los sentimientos de los demás. Cuando aprendas a hacer esto, aprenderás cómo seguir mejor los deseos de tu corazón. ¿Por qué es importante? Porque el auto aprecio cae cuando dejamos que otros tomen decisiones por nosotros. Al principio, esto puede parecer una ruta fácil, sin decisiones difíciles, sin embargo nosotros crecemos cuando tomamos nuestras propias decisiones y evolucionamos con cada resultado que enfrentamos.

Si intentas estar a la altura de las expectativas de otras personas, tendrás dificultades para encontrar tu auto aprecio. Desafortunadamente, muchas personas viven de esta manera, tomando decisiones como qué estudiar, qué carrera elegir, dónde vivir, cuántos hijos tener, etc. todo ello basado en las expectativas de los padres, los cónyuges, los amigos y los medios de comunicación.

Permitir que otros dicten lo que debes hacer siempre te encaja dentro de los estándares de los demás y esto te llevará a vivir una vida de gran dependencia de otras personas.

4- Reconstruirte

Este paso es muy importante para hacer crecer tu autoestima. Constantemente, le permitimos perpetuamente a la sociedad dictar qué se debe hacer y cómo debemos actuar de acuerdo con los demás.

Muchos de nosotros vivimos en una cultura que está ansiosa por proporcionar "expertos" para analizarnos. Por lo tanto, comprender todos los aspectos de nuestras vidas es una gran parte del autoanálisis.

Descubre cuáles son tus verdaderos talentos y escríbelos. Los talentos son habilidades innatas que difieren de las habilidades, que deben ser trabajadas para perfeccionarlas.

Concéntrate en descubrir y perfeccionar tus fortalezas y deja de pensar demasiado en tus debilidades y defectos; Probablemente ya lo has hecho lo suficiente.

Descansa de la negatividad y comienza a pensar en qué aspectos de tu vida puedes aprovechar al máximo tus fortalezas.

5- Auto-negación

Hemos llegado al último paso. Ahora es cuando nos ponemos serios. En este paso, podemos enfrentarnos a la realidad y reunir valor para cambiar las cosas que podemos y la fuerza para aceptar las cosas que no podemos cambiar.

Aquí asumimos la responsabilidad total de nuestra vida, nuestras circunstancias y nuestros problemas. Y no me refiero a que vamos a jugar el juego de la víctima. Más bien, debemos reconocer que sí, por supuesto, tenemos problemas, somos defectuosos, ocurrieron circunstancias y se cometieron errores, hemos fracasado estrepitosamente y hay cosas de las que no estamos orgullosos.

Perdónate y perdona a los demás por todo lo que ocurrió en el pasado. Aprende a amarte incondicionalmente sin juicios ni excusas. Este eres tú y estás siendo vulnerable, auténtico y real. Abraza quién eres plenamente y de todo corazón. Acepta el hecho de que ya no permitirás que fuerzas externas te definan.

Solo de esta manera finalmente dejarás de lado todo lo que te ha estado frenando todos estos años. Sería bueno si todo funcionara como se supone, o si alguien viene y nos diera esto o aquello de forma gratuita, pero lo que debemos aprender a hacer es confiar principalmente en nosotros mismos.

Esto significa que somos responsables de nosotros mismos y también estamos obligados a aprender y educar a los que nos rodean, porque uno de los mayores regalos que Dios nos ha dado es la capacidad de guiar a otros necesitados.

Ahora entiendes que tener altos niveles de auto aprecio es crucial. Aprendemos a ser resistentes y ya no permitimos que otros tomen decisiones por nosotros. Solo tú eres responsable y solo tú posees el poder de cambiar tu vida positivamente.

No hay más quejas, culpas, juicios o excusas. Confías plenamente en ti mismo y en tus habilidades para forjar y moldear tu propio destino. Ahora puedes encontrarte caminando por un camino solitario hacia tu autodescubrimiento, pero mantente firme. Si otros se vuelven distantes, tal vez sea lo mejor. Debemos dejar ir a las personas tóxicas para avanzar. No caminarás solo para siempre. Con tu nuevo poder, te volverás fenomenal y atraerás fenomenal.

"Si no hay un enemigo en el interior, los enemigos exteriores no pueden dañarte."
-Proverbio Africano.

Toma Acción

Lista de quehaceres:

1- Repite esta frase cada vez que te enfrentes a una situación difícil.

"Señor, dame el valor para cambiar lo que pueda y la fuerza para aceptar lo que no puedo".

2- Busca buenos consejeros. Esta persona puede ser uno de tus padres, un buen amigo, un maestro o una persona que entiendas que es confiable. Pero no pidas ayuda para tomar decisiones de terceros. Practica tratar con los resultados.

3- Haz una lista de al menos 5 puntos fuertes sobre ti y mide qué tan bueno eres con ellos. Si debes mejorar en uno de ellos, comienza a leer y aprende a hacerlo. Escribe una fecha límite y comprométete a cumplir con tu tarea en ese momento y apégate a ella. No te decepciones a ti mismo.

Piensa

En el último capítulo vimos lo importante que es reconocer y ver el valor en nosotros mismos para desarrollar una gran personalidad y actitud, pero también debemos aprender a pensar y proyectar ideas.

La combinación de personalidad con inteligencia es absolutamente fenomenal, sin embargo, la mayoría de las personas limitan su potencial y ponen un límite a lo que son capaces de hacer. El diccionario describe la palabra pensamiento de la siguiente manera: "Usar la mente de uno de forma activa para formar ideas que se entre conectan".

Este es un concepto fascinante, pero extremadamente complejo de realizar. Para ejecutar esta acción, debemos involucrar las ideas recopiladas a lo largo de nuestras experiencias, pero, ¿cómo creamos ideas en primer lugar?

¿Alguna vez te han asignado una tarea que es difícil para ti, pero tal vez no realmente difícil para los demás? Digamos que tu jefe o tal vez un maestro se acerca a ti y te dice: "Vamos, dame una idea, piensa y usa tu imaginación, dame algo nuevo, algo innovador". Es fácil de decir, pero es difícil de hacer.

Esto puede parecer difícil de lograr porque hemos estado viviendo confinados dentro de cajas mentales que son todos los dogmas y las creencias de otras personas incrustadas en nuestras cabezas.
También podemos referirnos a este término como zona de confort, que son todas las cosas a las que nos acostumbramos con el tiempo y ni siquiera nos molestamos en cambiar porque se ha convertido en parte de nuestra rutina, ya sea que esto nos haga felices o no. Solo somos prisioneros de nuestro entorno.

Otro factor con el que tenemos que lidiar es la limitación que nos imponemos a nosotros mismos para creer que hacer ciertas cosas es peligroso o está demasiado fuera de lugar, por lo que ni siquiera lo intentamos, porque no sabemos cuál será el resultado. Lo que significa que estamos programados para evitar resultados impredecibles.
¿Alguna vez has escuchado la expresión "Pensar fuera de la caja"? Se refiere a un proceso muy

intrigante en el que es extremadamente difícil encontrar y generar ideas nuevas. Y una de las primeras preguntas que hacemos es "¿por qué?". ¿Cuál es el sentido de tanto pensar?

Bueno, déjame explicarme mejor. Dentro de esta caja mental que llamamos zona de confort, nos sentimos seguros y estamos de acuerdo con todos los demás, porque fuera de ella estamos expuestos a un riesgo potencial y existe la posibilidad de que también podamos arruinar nuestra reputación al dejar que otros sepan que pensamos o actuamos de cierta manera.

Compartir las mismas ideas e información con otros puede parecer un poco aterrador. Si todos pensamos de la misma manera, ¿qué hace la diferencia entre tú y otras personas? ¿Dónde está nuestra pasión y determinación para lograr nuestros objetivos y vencer nuestros miedos?
La idea de salir de esta caja no es un lujo, es una necesidad.

Esto no significa pensar fuera de nuestras mentes, porque no podemos hacer eso. A lo que me refiero es a pensar más allá de áreas limitadas dentro de nuestras mentes para producir diferentes opciones de las que ya conocemos.

Esto es surgir con ideas que aún no hemos aprendido.

Estos límites son el resultado de años y años de aprendizaje de otros. Años de repetir las ideas de otra persona, en lugar de crear las nuestras. Esta es la consecuencia de seguir constantemente a los demás y cumplir con todo lo que se nos dice en lugar de desarrollar un pensamiento crítico que es una parte fundamental que nos separa de los animales porque tenemos la capacidad de cuestionar y alterar nuestro entorno.

Con seguridad podemos decir que nuestras elecciones, nuestros fracasos, nuestras experiencias y las decisiones que tomamos constantemente a lo largo de nuestras vidas es lo que verdaderamente construye nuestra dignidad y carácter como seres humanos.

Puede que te preguntes cómo hacemos esto de pensar fuera de la caja.

Cada vez que vemos cosas, de inmediato obtenemos ideas sobre ellas, reconocemos cómo deberían funcionar, cómo deberían ser y cómo deberían reaccionar, porque es algo que ya sabemos y es fácil de inferir, ya que así es como han sido siempre. Este proceso se llama información convergente.

En otras palabras, el pensamiento convergente se enfoca en información tradicional, repetible, acumulativa y familiar almacenada en nuestros cerebros.

El pensamiento convergente es más efectivo cuando ya existen las respuestas para un problema y solo necesitas recordarlo o decidirlo.

Muchas pruebas que se usan en las escuelas, como las de opción múltiple, las de ortografía, las de matemáticas y las pruebas estandarizadas, son una medida del pensamiento convergente.

Este es un proceso muy difícil, pero si queremos salir de la caja, debemos mirar las cosas desde una perspectiva diferente. Necesitas agregar algo más, algo que vaya más allá de la información obvia, algo absurdo y algo que te lleve lejos. Y esto es algo que llamamos pensamiento divergente.

Como opuesto al pensamiento convergente. Este es un método o proceso que requiere creatividad para encontrar diferentes soluciones para resolver un problema.

El pensamiento convergente es más lógico y lineal. El pensamiento divergente, por el contrario, suele ocurrir de manera espontánea y fluida.

Esta es una parte crítica del proceso de pensamiento. Necesitamos información divergente para romper los límites de lo que ya sabemos y las cosas que aún no hemos aprendido y nos llevará a lugares que aún no hemos descubierto. Vamos a poder utilizar la combinación de ideas, crear nuevos conceptos, adoptar nuevos hábitos y la aplicación de nuevos principios que nunca se aplicaron antes.

Necesitamos tener una mentalidad amplia y buscar alternativas. No podemos simplemente concentrarnos en lo que es correcto, porque con esta nueva forma de pensar obtenemos más que una simple respuesta, hay muchas alternativas posibles y muchas otras formas de hacer las cosas.

Con esta nueva habilidad, podemos desbloquear nuevos hábitos de aprendizaje que mejoran nuestro proceso de pensamiento y, en consecuencia, producimos ideas originales que nos ayudan a estirarnos mentalmente y controlar nuestro entorno.

Esta historia comienza en el año 1894. Cuando un bebé llamado Percy Spencer nació de una pareja en Maine, Estados Unidos. Lamentablemente, su padre falleció un año después de su nacimiento. Su madre decidió entregarlo a su tía y su tío para que lo criaran y así lo hicieron.

Cuando Percy tenía ocho años, su tío falleció y tuvo que abandonar la escuela para ayudar a su tía en la casa. Pasó los siguientes años trabajando en un molino hasta que un día se enteró de que la fábrica de papel cercana empezaría a usar electricidad.

Esta noticia despertó el interés en el joven Percy y comenzó a aprender todo lo que pudo sobre electricidad. Tanto que cuando la fábrica de papel comenzó a contratar, fue una de las tres únicas personas contratadas para instalar electricidad en la fábrica.

Percy Spencer era un físico completamente autodidacta. También aprendió trigonometría, cálculo, química y metalurgia todo por sí mismo.

A la edad de dieciocho años, Percy se unió a la Marina de los Estados Unidos y pronto se interesó en la comunicación inalámbrica. Después de escuchar sobre los operadores inalámbricos sobre el Titanic cuando se hundió.

Muy pronto, Percy se convirtió en el experto líder mundial en diseño de tubos de radar. Mientras construía un equipo de radar, Percy notó que una barra de maní en su bolsillo se fundió completamente. Este incidente despertó un gran interés en él.

Sintió la necesidad de experimentar más y más y el uso de su creatividad lo hizo muy feliz. Intentó experimentar con algunos granos de maíz a continuación y se convirtieron en palomitas de maíz. Se lo mostró a uno de sus colegas, pero cambió el maíz por un huevo, y el huevo explotó.

Esto le dio a Percy la idea de poner la máquina en una caja. En 1945, obtuvo la patente en el microondas, que era solo una de las ciento cincuenta patentes bajo su nombre. Gracias a su gran pensamiento creativo, el horno de microondas se ha convertido en un elemento imprescindible para los restaurantes y también en un elemento cotidiano esencial para el hogar.

Te voy a dar algunos pasos para entrenar esta nueva forma de pensar.

Creando el hábito de cuestionar las cosas.

El pensamiento divergente no se trata tanto de buscar respuestas como de hacer preguntas para obtener esas respuestas. El desafío, sin embargo, es formular que preguntas hacer.

•Formula preguntas más específicas que puedan profundizar en un concepto más profundo de la idea. Cuanto más cuestionamos, más información recopilamos.

•Simplifica los temas complicados dividiéndolos en pedazos y usa la información recopilada para expandir la idea principal y pregunta "¿Qué pasaría si...?"

Ignora las técnicas estándar de resolución de problemas utilizadas en las escuelas.

El pensamiento creativo es necesario para resolver problemas; Sin embargo, no podemos usarlo en el aula. En su lugar, se requiere un pensamiento convergente lineal con pruebas de opción múltiple como un gran ejemplo. No es así como un pensamiento divergente resuelve un problema porque está asociado con cuatro características principales:

• Fluidez: la capacidad de generar numerosas ideas o soluciones rápidamente;

•Flexibilidad: la capacidad de pensar en diferentes maneras de resolver un problema al mismo tiempo;

•Originalidad: la capacidad de generar ideas que la mayoría de las personas no consideran;

• Elaboración: la capacidad de no solo pensar en los puntos de una idea, sino también de llevarla a cabo.

Forzarse a ver con puntos de vista inusuales.

Puede parecer ridículo al principio, pero esta es una técnica altamente efectiva. Cuando se trata de un problema, por ejemplo: iniciar un negocio. Debemos tomar el lugar de todos los afectados por esta decisión, por lo que es fundamental observar el escenario desde todos los ángulos.

• ¿Cuál sería mi puesto, preparación, responsabilidades y deberes en mi futura carrera?

• ¿Cuáles son las series de cosas que me llevaron a esta decisión, fue la decisión correcta o me equivoqué?

• ¿Hay alguna información que se haya olvidado?

• Desde la perspectiva de diferentes personas a mí alrededor, ¿cómo me veo desde todos esos ángulos?

Al desafiar tu imaginación, tu cerebro se acostumbra a nuevos patrones de pensamiento, y la creación de nuevas ideas será más fácil.

Lluvia de ideas.

Esta técnica es una herramienta que se basa en ideas. Una idea genera otra idea, que luego genera otra, y así sucesivamente hasta que se compila una lista de ideas aleatorias de una manera creativa y no estructurada. Al realizar una lluvia de ideas en una atmósfera grupal, permite que todos piensen más libremente. No busques una solución práctica. En su lugar, reúne ideas que tengan la menor relevancia para el problema en sí.

• Ninguna idea es criticada, y todas las ideas son registradas.

• Después de generar una larga lista de ideas, uno puede regresar y revisar las ideas para criticar su valor o mérito.

Escribe libremente.

Concéntrate en un tema específico y continúa escribiendo sobre él durante un corto período de tiempo. Escribe todo lo que te venga a la mente siempre que sea sobre el tema. No te preocupes por la puntuación o la gramática. Solo escribe. Puedes organizar, corregir y revisar tu contenido más adelante. El propósito es tomar un tema y luego plantear varios pensamientos diferentes al respecto dentro de un período corto de tiempo.

Crea un mapa visual de la mente.

Pon la lluvia de ideas en forma de un mapa visual o una imagen. Asegúrate de que las imágenes muestren las relaciones entre las ideas. Por ejemplo, tu tema puede ser cómo iniciar un negocio o cualquier meta que tengas en mente.

La cosa es que el primer paso es **crear una idea central;**

Este es el punto de partida de tu mapa mental y representa el tema que vas a analizar. Tu idea debería estar en el centro de una página, también puedes incluir imágenes de ella porque esto llama la atención y desencadena asociaciones, ya que nuestro cerebro responde mejor a los estímulos visuales. Tómate el tiempo para ser creativo con tu idea central, usa dibujos o imágenes.

Lo siguiente es **agregar ramas a tu idea central;**

Ahora trazamos líneas de la idea central que nos ayudan a expandir el concepto central. La belleza del Mapa Mental es que puedes agregar nuevas ramas continuamente y no estás restringido a solo unas pocas opciones. Recuerda, la estructura de tu mapa mental vendrá naturalmente a medida que agregues más ideas y tu cerebro dibuje libremente nuevas asociaciones a partir de los diferentes conceptos.

El siguiente punto es **agregar palabras clave;** Siempre que agregues una rama a tu mapa, debes incluir una idea clave. Es importante que uses una palabra por rama, de esa manera dejas espacio para más asociaciones. Por ejemplo, si incluyes la palabra "Compañía de educación" en una rama, está restringido a solo aspectos de ese negocio en particular. Sin embargo, si simplemente usas la palabra clave "Negocios", puedes explorar una amplia variedad de palabras clave diferentes. Este método también es excelente porque ayuda a desarrollar otros temas y temas centrales. El uso de palabras clave desencadena conexiones en tu cerebro y te permite recordar una mayor cantidad de información.

Organiza tus ideas de una manera innovadora.

Para obtener los mejores resultados, deberás aplicar tanto el pensamiento divergente como el pensamiento convergente. Ambos juegan un papel importante en el proceso. El pensamiento divergente proporcionará la creatividad, mientras que el pensamiento convergente analizará y evaluará esas ideas creativas y las reducirá.

"La lógica te llevará del punto A al punto B, sin embargo la imaginación de llevará a todas partes."
– Albert Einstein.

Toma Acción

Lista de quehaceres:

1- Donde sea que vayas comienza a cuestionar tu entorno. Despierta tu curiosidad. Por ejemplo, si vas a la escuela, pregúntale a tu maestro por qué decidió convertirse en maestro en primer lugar o qué le gusta u odia de su trabajo. Habla con extraños al azar de vez en cuando y pregúntales, por ejemplo: ¿Tienes un pollo mascota? Algo extraño para iniciar una conversación y aprender de los demás.

2- Uno que otro día, crea una breve composición sobre cualquier cosa que te guste escribir. No deben repetirse. Por ejemplo, hoy escribo sobre mi día, pasado mañana puedo escribir sobre mis razones para comenzar un negocio, la próxima vez puedo escribir sobre las ventajas o desventajas de tener o no una novia, etc. Entiendes mi punto. Sigue esta simple guía y hazlo un hábito.

Fuera Del Mundo

Ahora que hemos aprendido la diferencia entre el pensamiento convergente y el pensamiento divergente, también debemos cubrir algunas de las ideas de algunos de los factores desencadenantes que nos permiten conectar ideas y traer recuerdos del pasado a nuestro presente para seguir creciendo como personas.

Cuando observamos nuestro estilo de vida actual, todo lo que vemos son dispositivos tecnológicos de todo tipo. Recuerdo que cuando crecía no tenía teléfono celular ni tampoco mis amigos. En aquel entonces puedo decir que los días fueron nuevas aventuras.

Recuerdo a mis amigos y solíamos hablar sobre las cosas que íbamos a hacer a lo largo del día. Recuerdo que construí casas de cartón y palos, varias veces. Los juegos y actividades que solíamos jugar en ese entonces eran completamente diferentes a lo que podemos observar hoy en día.

De niño tenía una imaginación muy activa y desarrollé pasión por dibujar todo lo que tenía en mente, por supuesto que no eran perfectos ni muy atractivos, pero el hecho de poder hacer realidad mis ideas me dio una gran sensación de logro.

Al lidiar con el estrés y la ansiedad de la escuela o incluso con la depresión de un mal día, pude descargar todas mis emociones simplemente con un lápiz y papel.

Siempre he admirado a Albert Einstein, aunque en aquel entonces no entendía muy bien lo que hacía. Lo único que sé es que siempre me ha gustado crear cosas, hacer de las ideas un reflejo vivo y palpable de mi imaginación.

Hoy en día, cuando veo a niños y adolescentes jugando con sus teléfonos o tabletas, me doy cuenta de que sus ojos no reflejan la misma pasión por lo desconocido que los niños de hace diez o quince años, y me pregunto. ¿Qué cambió?

Me di cuenta de que todas las cosas que podía crear eran posibles debido a un fuerte estado de ánimo; el aburrimiento. Ahora veo que de niño mi mente estaba constantemente pensando y visualizando pensamientos complejos.

Ahora comprendo que al encontrarme en situaciones en las que mi mente estaba en blanco y completamente libre de distracciones como por ejemplo: cuando tuve que hacer filas, esperar el autobús escolar, esperar a que llegaran mis amigos o cuando simplemente no tenía nada más que hacer.

Todos estos pequeños eventos ociosos me permitieron diseñar y construir lo que en aquel entonces me ayudó a moldear mi personalidad y mi intelecto actual como adulto.

Este magnífico estado de aburrimiento en niños y adolescentes ha sido completamente eliminado por todos estos dispositivos que todos hemos aceptado como partes insustituibles de nuestras vidas. El sentido de la creatividad y la imaginación activa disminuye rápidamente cuando ocupas y reemplazas emociones simples y pasos ociosos de la vida con entretenimiento.

Si te preguntas, ¿cuándo fue la última vez que me aburrí? Muchas personas no tienen una respuesta clara. Cada vez que identificamos una situación dada como aburrida, recurrimos a nuestras pantallas para buscar los siguientes estímulos, lo que permite a nuestros dispositivos interrumpir y eliminar la parte del cerebro que nos permite imaginar y crear.

Lo que quiero que entiendas es que constantemente interrumpimos la capacidad de nuestros cerebros para vagar hacia dónde quiere ir, por lo tanto, haciéndonos a nosotros mismos, especialmente a los niños, esclavos del entretenimiento.

El simple pero complejo estado de aburrimiento al que permitimos que nuestros cerebros ingresen es algo que los neurocientíficos llaman la Red de Modo Predeterminado.

¿Qué ocurre cuando entramos en este modo predeterminado?

Esta red activa tu forma de pensar más original, en otras palabras, es cuando haces tu mejor resolución de problemas y, además, esto es cuando hacemos algo llamado Planificación Autobiográfica, que consiste en mirar hacia atrás en nuestros eventos de la vida pasada y evaluar cada paso que hemos dado hasta ahora y cuestionamos las decisiones que nos han puesto justo donde estamos actualmente.

Al poder realizar dicho proceso analítico, somos capaces de descubrir a dónde ir desde allí.

Este proceso es esencial, ya que nos permite establecer metas y luego resolvemos los pasos necesarios que debemos tomar para alcanzar esas metas. Por eso, con los hábitos de hoy en día es tan complejo para las personas iniciar este simple paso, nos rodeamos de distracciones, evitando así el estado de aburrimiento.

No hace falta decir que evitar este proceso de niño puede llevar a complicaciones adicionales. A menudo, en este estado es donde los niños se hacen preguntas de autodescubrimiento y hacen todo lo posible para verse a sí mismos en el futuro como lo que quieren ser.

Esta es una gran parte de la razón por la que nos encontramos con tantos adultos jóvenes que no encuentran su lugar y no tienen idea de qué hacer con sus vidas. Como mencioné anteriormente, la mayoría de las personas crecen descuidando la capacidad de evaluar y hacer un pensamiento más profundo y bastante difícil acerca de quiénes son, en qué quieren convertirse y quizás de los cambios que necesitan hacer.

Lo que es aterrador es que a menudo escuchamos a muchas personas decir que no saben cómo manejarse solos o que a menudo dicen cosas como: "Tengo mucho miedo de estar solo con mis pensamientos". Ahora piénsalo de esta manera. Si conocemos a algunas personas con esta forma de pensar (también son propensos a suicidarse), imagina que una generación entera comparta la misma fe. Da miedo, ¿no es así?

Una solución simple a este problema sería simplemente aislarnos de la tecnología, sin embargo, ese estilo de vida ya no es sostenible para la mayoría, y en realidad todos necesitamos la tecnología de una forma u otra.

Debemos reconocer que esto es como cualquier adicción, requerirá tiempo y un proceso elaborado. Aquí hay una idea más simple. En lugar de pasar incontables horas expuesto al entretenimiento, y luego sentirte fatal por ser demasiado perezoso. ¿Por qué no hacer un horario para tener el día que quieres?

Si le preguntaras a la persona promedio cuántas horas al día desperdician, la respuesta probablemente será entre cuatro y seis horas al día.

Esto se debe a un estudio ineficiente o al mirar cosas en las diferentes redes sociales que no solo no quieres ver, sino que ni siquiera te importa. Y probablemente mal gastes entre dos a tres horas antes de que siquiera comiences el día, suponiendo que duermas y te levantes con el teléfono en las manos.

No seas tan duro contigo mismo.

Todos nos hemos convertido en víctimas de la pereza. Estoy muy seguro de que en algún momento todos dijimos que nuestras vidas no están donde queríamos que estuvieran.

 Imagínate cómo serían nuestras vidas si simplemente dejáramos de perder las oportunidades frente a nosotros, y quién sabe cuánto más eficientes seríamos. La dilación es un mal hábito que debes erradicar por completo si el éxito está dentro de tus planes futuros.

No estoy diciendo que debes ser perfecto, todos tenemos defectos. Pero todo se debe al dar prioridad a "las cosas fáciles". Sabemos que necesitamos hacer las cosas, conocemos la fecha límite para un proyecto que debemos presentar, sabemos que los platos deben lavarse y somos culpables por aplazar el botón de despertar por las mañanas.

Todo se traduce en fracaso en las cosas pequeñas que debemos lograr para tener éxito en las cosas más grandes. Permitimos que la dilación se convierta en parte de nuestras rutinas diarias y rápidamente nos convierte en vagos.

También podemos referirnos a este problema como una pérdida de entusiasmo, que es un gran detonador para este tipo de comportamiento y la postergación con mayor frecuencia comienza justo cuando dejamos de ver el progreso hacia cualquier objetivo personal.

Solo piénsalo un poquito. Piensa, ¿cómo te sientes cuando empiezas un nuevo proyecto, o quizás pensaste en algo que te ayudará positivamente? No importa la edad que tengas, cuando comenzamos con un nuevo objetivo, estamos llenos de energía y entusiasmo.

Incluso hacemos los cambios necesarios en nuestras vidas para alinear nuestras acciones con nuestras visiones para dar los pasos correctos. Mientras que, a medida que pasa el tiempo, la singularidad y la novedad de nuestra meta desaparecen. Perdemos la motivación y la vista de nuestra visión principal, por lo que volvemos a caer en nuestras rutinas aburridas del pasado.

Esto es parte del éxito masivo de la empresa Ikea. ¿Por qué? Porque descubrieron que a la gente le encanta usar su imaginación para crear cosas. Cuando terminas un gran proyecto y lo haces bien, ¿cómo te sientes? ¡GENIAL! Una vez más, se siente increíble crear.

Uno de los mayores problemas con los que nos enfrentamos actualmente, como se mencionó anteriormente, es la gran dependencia de la tecnología. Veamos este fascinante término. Hay algo conocido como "balcanización cibernética". Es cuando la interacción en línea proporciona un entorno perezoso, libre de la discusión real desde el punto de vista externo.

Cuando te unes a una comunidad en línea, te retiras de la conversación del mundo real y te escondes dentro de una comunidad en línea donde todos piensan por igual y generalmente comparten su visión del mundo.

¿Por qué este término es relevante para todo lo que ya hemos visto? Bueno, pasamos la mayor parte de nuestro tiempo conectados con personas que están lejos de nosotros y si pones tu interés en el entretenimiento y la baja productividad, eso es exactamente lo que vas a atraer.

Por el contrario, si puedes encontrar personas que compartan una visión más amplia y estén orientadas a objetivos, eso es lo que vas a recibir. Personas que te van a presionar y hacer que te estires mentalmente y quién sabe, en la mayoría de los casos, futuros socios.

¿Qué podemos obtener de toda la información que hemos aprendido sobre este capítulo?

Visualiza tu objetivo, y si aún no tienes idea de lo que quieres hacer en la vida, debes pasar más tiempo contigo mismo y resolverlo rápidamente. Porque de lo contrario, te encontrarás trabajando para alguien que tiene uno y ayudarás a esa persona a hacer realidad su sueño.

Prioriza los pasos necesarios para lograrlo. El tiempo es el único producto que no puedes permitirte perder. Deja de poner tu energía e intelecto en cosas inútiles. Deja de pensar en "qué pasaría si..." ¡Y comienza a hacer!

Permítete aburrirte y permite que tu cerebro te lleve lejos en un proceso complejo en el que realmente podrás proyectar tu futuro yo y también puedes tener la oportunidad de descubrir tu verdadero propósito.

"Cuando prestas atención al aburrimiento se vuelve increíblemente interesante."

-Jon Kabat-Zinn

Toma Acción

Lista de quehaceres:

1- Tómate un tiempo libre de distracciones Elije una hora específica y apaga el mundo durante 30 minutos al día y solo respira. Deja que tu mente divague. Has esto parte de tu rutina diaria y ve dónde te llevará dentro de una semana o un mes a partir de ahora. Tómate ese tiempo solo para reflexionar y visualizar las cosas que deseas cambiar y las cosas que debes aprender para alcanzar ciertos objetivos.

Relaciones significativas

Si tienes un poco de experiencia en la vida, ahora deberías ser capaz de entender que eres la persona promedio del grupo de personas con quienes pasas más tiempo. Lo que significa que es fundamental que alguien cambie para alinearse mejor con las personas que comparten sus mismas ambiciones.

Nuestros padres nos han educado para ser aceptables en frente de otras personas, y estamos rodeados de personas durante toda nuestra vida. Cada vez que hacemos algo que creemos que es correcto o incorrecto, una de las formas más efectivas de evaluarnos es observar cómo reaccionan los demás. A partir de ahí, evaluamos si lo que hemos hecho tiene cierto efecto negativo o positivo.

Sin embargo, la externalización del punto de vista de otros también puede venir con sus consecuencias. Por ejemplo, cuando dices algo que crees que es gracioso, notas que los que te rodean se sienten ofendidos de alguna manera. Entonces, eso te ayuda a entender que lo que dijiste no fue divertido después de todo y probablemente necesites repensarlo y cambiarlo un poco. Por otro lado, cuando expresas tus sentimientos, metas, planes futuros y ambiciones, también puedes notar que habrá dos tipos de grupos, aquellos que te empujarán hacia adelante y aquellos que te sumergirán.

Debemos prestar atención a las influencias que permitimos en nuestras vidas.

Puedes etiquetarte como introvertido, pero el hecho es que todos somos animales sociales y necesitamos personas de una manera u otra, por lo que decir que quieres estar soltero/a o solo para siempre, son pensamientos efímeros.

Hoy en día, interactuar con cualquiera es extremadamente simple gracias a la tecnología, ya que no tenemos que pasar por el desafío del pasado en el que tuvimos que participar en conversaciones cara a cara con extraños. Todos tenemos nuestros teléfonos y los emoticonos de las aplicaciones de mensajería instantánea para hacer todo el trabajo por nosotros.

Por lo tanto, no es sorprendente que alguien pueda convertirse en un hablador detrás de una pantalla; sin embargo, no es así como se forman las relaciones verdaderas y profundas.

Para estudiar y aprender los pasos que debemos tomar para lograr una relación bien desarrollada, debemos volver a sus raíces.

Volvamos al pasado cuando no había mucha tecnología a nuestro alrededor y la vida era más sencilla y menos estresante.

Fingiendo que eres parte de una nueva comunidad, no hay moneda ni dispositivos para comunicarse. ¿Cuál es la habilidad número uno que necesitas dominar para sobrevivir en ese tiempo? ¡Personas!

Debes entender cómo reaccionan y piensan los demás. También debes poder conectarte con quien necesites, ¿por qué? Porque no hay dinero para comprar cosas y no hay pantalla para ocultarse.

Cuando sientas hambre, necesitas reunir valor para pedirle a "John" que intercambie algunos de sus huevos por tal vez algo que tienes. Y ese proceso todavía se utiliza hoy para ganar amigos. Se llama confianza. Así es cómo se vería eso:

Tú: Hola, ¿cuál es tu nombre?

John: ¡Mi nombre es John, encantado de conocerte!

Tú: ¿Me cambiaría algunos de sus huevos por algo de leche (o algo así)?

John: ¡Claro que sí amigo! Necesitaba un poco de leche. Si alguna vez necesitas más, solo házmelo saber. También conozco a otras personas que pueden tener algo que necesitas.

Tu: Me alegra escuchar eso, gracias por la ayuda.

¡Ahí está! No es el ejemplo más elegante, pero deberías entenderlo.

Debido a que estamos dispuestos a dejar nuestra zona de confort y tomar las medidas para interactuar con los demás, podemos encontrarnos en una posición poderosa porque ahora tienes dos cerebros en lugar de uno y eso puede hacerte más fuerte en momentos de debilidad, lo cual es imposible lograr con las relaciones fragmentarias como un solo individuo.

Hoy en día, hay muchas maneras de conocer gente, pero la forma de hacerlo es más superficial y en nuestra sociedad de gratificación instantánea, trabajar pacientemente por algo no es la norma.

Pensamos que podemos tener lo que queramos, cuando lo queremos. Pero en las relaciones, un vínculo significativo con alguien simplemente no puede ocurrir de la noche a la mañana.

No puedes construir una relación profunda y duradera sin invertir una cantidad considerable de tiempo en otra persona.

Debes admitir que la tecnología nos ha convertido en una especie asocial y parece que muchas personas no saben cómo actuar frente a otros sin tener que sacar un teléfono o cualquier otro dispositivo para crear cierta "barrera protectora".

Algunas de las razones en las que puedo pensar que son grandes obstáculos para las personas, especialmente para los jóvenes, es que se necesita paciencia, compromiso y una base sólida que comienza con una amistad para avanzar hacia un lugar de confianza, respeto y amor.

Debemos dejar ir los pensamientos egoístas y poner a la otra persona primero.

Te invito a que te tomes el tiempo para conocer realmente a la otra persona antes de iniciar cualquier tipo de relación. Pronto descubrirás que vale la pena esperar por la formación de una relación significativa basada en la confianza y el amor mutuo.

Algunos de los consejos que puedo darte para participar y formar buenas amistades son:

Encuentra la autosatisfacción

Debes estar satisfecho y feliz con quién eres, porque si no te aceptas como eres, nadie lo hará.

Aprender a escuchar

Es posible que hayas tenido este problema con muchas personas, tal vez tus padres no te escuchen. Tu jefe no te presta atención. Tu novio, novia, esposo o esposa te ignoran completamente por alguna razón. Esto demuestra que todos quieren ser escuchados y que realmente debes prestar atención a los demás y tratar de entenderlos.

Déjalo ir

Todos tenemos días malos en los que nos encontramos gritando a todos los que nos rodean. No siempre puedes tomar las cosas personalmente. A veces, la gente solo necesita desahogarse.

Ser tú

Esta parte es muy importante ya que no quieres atraer al grupo equivocado a tu vida. Sé tú mismo y siempre dile a la otra persona el tipo de persona que realmente eres. Una vez más, no quieres hacer amigos por razones equivocadas.

Sé objetivo

A ninguno de nosotros le gusta sentirse decepcionado. Pero, ¿alguna vez te detuviste a pensar que quizás no satisfacías tus necesidades porque no especificaste lo que realmente querías? Incluso si parece incómodo, siempre sé honesto en lo que quieres o necesitas.

Puedes aplicar estos pasos para encontrar a esa persona o personas que agregan valor positivo a tu vida. Porque si te asocias con personas que te hacen pensar y te empujan a través de momentos difíciles o incluso si encuentras una persona a la que puedas llamar mejor amigo y que también te motive a hacerlo bien, podrás conquistar el mundo.

En el lado opuesto, si te asocias con aquellos que no agregan valor a tu vida, te hundirás lentamente y nunca podrás ver oportunidades que puedan ayudarte a cambiar tu vida para bien, porque tus ojos no estarán entrenados para ver esas oportunidades y también a tus principios se verán drásticamente afectados por esas malas influencias.

"Mi mejor amigo es aquel que saca lo mejor de mí."
-Henry Ford

Toma Acción

Lista de quehaceres:

1. El desafío para este es bastante simple, pero también puede ser difícil para algunas personas. La próxima vez que salgas a una cita con alguien o tus amigos, aclara las cosas y déjale saber a la otra persona que, por valor al tiempo que pasarán juntos, los teléfonos no están permitidos en la mesa. Céntrate en tu pareja y olvida a los que no están contigo.

¿Por qué?

Todos somos impulsados por alguna fuerza y el hecho es que también podemos adquirir motivación de cosas que están fuera de nosotros. Solo piénsalo, nuestras vidas están llenas de tareas, oficios, favores, órdenes y obligaciones que debemos cumplir día a día. Entonces, no es de extrañar que estemos programados para seguir pasos y órdenes constantemente.

Por otro lado, si le preguntas a la gente:

"¿Cómo lo sabes?"

Preguntarán: "¿Cómo puedo saber qué?"

Tenemos la tendencia a preguntar sobre los hechos y los resultados obvios, pero lo que constantemente dejamos de preguntarnos es: "¿Cómo sé por qué?", entonces podrían preguntar: "¿Por qué estoy aquí? ¿Por qué hago lo que hago? ¿Por qué debería intentarlo?

Una vez más, la gran pregunta:

"¿Por qué?"

Fácil, porque le da vida a tu *qué*. Al poner tu *por qué* primero en lugar de *qué*, tu *qué* se vuelve más significativo y claro.

Cuando te enfocas más en el proceso en lugar del producto, tu mundo, en consecuencia, comienza a cambiar.

Tu *por qué* es el propósito, causa o creencia que te inspira.

Debes comprender que un sentido claro de propósito y dirección es lo que te permite aprovechar tu potencial y además, te permite enfocar tu energía en lo que más importa. Obligándote a superar las dificultades y los obstáculos.

Es obvio que nos diferenciamos de los animales de muchas maneras. Y a diferencia de ellos, que solo son impulsados por el mero hecho de sobrevivir, los humanos ansiamos y exigimos mucho más de la vida que la simple supervivencia.

¿Lo ves? Si no poseemos una respuesta clara a nuestro *por qué*, caemos arbitrariamente en la desilusión, la distracción y la desesperación silenciosa.

Como consecuencia, también es desconcertante ver un aumento tan enorme en las tasas de abuso de drogas y alcohol, depresión y suicidio, junto con la creciente dependencia de los medicamentos antidepresivos.

El filósofo alemán Frederick Nietzsche dijo una vez: *"Aquel que tiene un **por qué** para vivir se puede enfrentar a cualquier **cómo**"*.

Saber tu *por qué* es un paso importante para averiguar cómo lograr los objetivos que te entusiasman y crear una vida que disfrutes vivir (en lugar de simplemente sobrevivir).

En efecto, solo cuando sepas tu *por qué* encontrarás el coraje para tomar los riesgos necesarios para salir adelante, mantente motivado cuando las cosas no estén muy bien y mueve tu vida hacia una trayectoria completamente nueva, más desafiante y más gratificante.

De acuerdo con el diccionario, la palabra *por qué* se define como *"La comprensión de la causa, la razón, el propósito de algo"*.

Cuando comienzas el hábito de preguntarte a ti mismo y lo que haces, las respuestas no llegarán de inmediato, pero cuanto más lo hagas, más claro será ver a través del simple *qué*.

Aquellos que pasan por la vida sin ningún sentido de propósito son a menudo controlados por aquellos que la tienen. Tu propósito te brinda claridad y sentido de logro, te ayuda a celebrar tu existencia junto con otros que también están dispuestos a atreverse a pedir más de nuestra existencia.

La felicidad no es un lujo, es un derecho. La felicidad no está reservada para las personas especiales entre nosotros, todos la merecemos. Y puedo decir con seguridad que la gran mayoría de las personas no se sienten felices con lo que hacen.

La gente a menudo dirá que les gusta lo que hacen, pero si se les da la opción de hacer otra cosa, lo harían. Eso es porque no aman lo que hacen.

Creo que la única manera de alcanzar un alto nivel de satisfacción es contribuyendo a algo mucho más grande que nosotros mismos. Esto significa tener una gran razón para hacer lo que hacemos más allá de la necesidad de ganarse la vida.

Quiero compartir con ustedes la poderosa historia que cambió la vida del Sr. David.

El Sr. David era un chico normal, nació en una pequeña ciudad de República Dominicana llamada Santiago. No era extraordinario en la escuela, porque nada realmente llamaba su atención.

Después de la escuela secundaria, se mudó a una ciudad diferente para buscar progreso, pero no tenía la menor idea de qué hacer con su vida. Comenzó a aprender idiomas y pronto descubrió una fuerte pasión por el aprendizaje. Logró obtener un empleo regular en una compañía de telecomunicaciones, pero aun así, eso no lo hizo feliz.

Por supuesto, tenía un salario decente y podía mantenerse a sí mismo y a su familia, pero el Sr. David sabía en su corazón que no era suficiente, no estaba contento con lo que estaba haciendo en ese momento.

Amigos y familiares a menudo felicitaban al Sr. David por el buen trabajo que tenía y le decían que se mantuviera hasta que pudiera retirarse, pero la idea de pasar toda su vida haciendo algo que odiaba era aterradora para él.

Una mañana, el Sr. David decidió cambiar las cosas y le ofrecieron un trabajo como maestro. El Sr. David era un poco tímido y no podía imaginarse haciendo tal cosa. Sin embargo, la idea de liberarse de la monotonía de su trabajo regular le hizo pensar hasta que finalmente decidió aceptarlo.

La transición de una oficina a un aula de clases fue difícil al principio. Fue la primera vez que el Sr. David se encontró interactuando con tantas personas a la vez. A pesar de su temor a hablar en público, el Sr. David fue bueno en algo, ¡aprendiendo! Muy pronto sus alumnos opinaban que él y su forma de enseñar eran muy interesantes y poco convencionales.

Al ser un maestro, el Sr. David se dio cuenta de que necesitaba ponerse al día con la nueva información que nuestro mundo produce constantemente. Se convirtió en un lector devoto y pronto comenzó a cuestionar su existencia.

Le encantaba enseñar tanto que descubrió una manera de ayudar a más y más personas mediante la creación de programas y cursos para que todos disfruten y aprendan.

Pronto creó una pequeña empresa educativa donde ya no tenía que responder a jefes.

La historia del Sr. David puede no ser demasiado especial, pero lo que todos deberíamos sacar de ella es que, al encontrar su *por qué*, el Sr. David pudo cambiar completamente su destino.

Se atrevió a arriesgar la seguridad por la oportunidad y tuvo éxito. Mucha gente muere sin saber el propósito de su vida. Y uno solo puede alcanzar la verdadera felicidad cuando caminamos hacia una causa mucho más grande que nosotros mismos.

Comprender nuestro *por qué* nos da la claridad que necesitamos para encontrar las relaciones, las ocupaciones y las comunidades que necesitamos para ayudarnos a operar en nuestro mayor potencial.

Para que seamos exitosos y demos vida a nuestro *qué*, necesitamos equilibrio. Debemos entender nuestro *por qué*, ser disciplinados y consistentes en lo que hacemos.

Cuando todas estas cosas estén en equilibrio, podremos encontrar satisfacción en todas las diferentes áreas de nuestras vidas, convirtiéndonos en lo que realmente queremos.

"El misterio de la existencia humana no está en el permanecer vivos, sino en encontrar algo por lo cual vivir."

-Fyodor Dostoyevsky

Lee, Piensa Y Cambia
Toma Acción

Lista de quehaceres:

Por el bien de encontrar nuestro *por qué* quiero que tomes un tiempo para pensar y responder estas preguntas. NO te apresures a ellas, más bien piensa y procesa.

1-¿Cuál es tu mayor fortaleza?

2-Pregúntale a varias personas que consideras cercanas (y te conocen bastante bien) la pregunta "¿En qué crees que soy bueno y por lo que podría cobrar dinero?"

3-Has una lista de todas las cosas que descubras sobre ti y clasifícalas por el nivel de importancia que deseas darles. Elije tus favoritas y cuestiónalas usando la fórmula;
Por qué + cómo + qué.

¿Por qué me gusta?

¿Cómo puedo aprender o dominarlo?

¿Qué quiero lograr con ello?

¡Solo hazlo!

Hay mucho poder en las palabras y definitivamente pueden tener una gran influencia en nosotros. Hay un dicho: *"Los sueños sin ningún sentido de acción son simplemente fantasía"*. La multinacional Nike aporta un gran valor y simplicidad a este concepto con su lema *"Just do it"*.

Qué simple, pero qué poderosas palabras de aliento.

Lo primero que debemos definir es un "Hacedor". En pocas palabras, un hacedor es alguien que hace. Alguien que toma acción y hace que la vida suceda.

¿Por qué menciono esto?

En el mundo de hoy es muy fácil vivir la vida como un personaje de relleno y vivir experiencias a través de las fotos de otros. Con el crecimiento constante de las redes sociales podemos ir a China y caminar por la Gran Muralla. Podemos ir fácilmente a Canadá y observar las Cataratas del Niágara, podemos ir a un concierto y tener los mejores asientos, o podemos ver cómo nació el bebé de alguien. Y todo esto sin siquiera dejar nuestras camas.

Todo esto suena muy bien y no hay duda de que el mundo como lo conocemos actualmente ha progresado enormemente. Sin embargo, a pesar de todo este avance, fomenta una cultura de personas que están contentas con experimentar el mundo sin tener que actuar. Allí se contentan con vivir a través de la lente de los demás.

Hay un grupo de personas que están etiquetados como soñadores. Son apasionados y quieren cambiar las cosas a su alrededor con su propósito. El problema es que, a veces, los soñadores ni siquiera ponen su visión e ideas en un papel, se quedan en sus cabezas y algunos nunca desarrollan el coraje para hacer realidad esas ideas.

Algunos soñadores pueden encontrarse con increíbles carreras y trabajos, pero quizás, también se olvidan de su causa más grande.

No es extraño que esto le suceda a un gran número de personas, no solo a soñadores. A menudo nos sentimos contentos con la idea de un trabajo seguro con un buen cheque y muy a menudo dejamos de lado las cosas que realmente queremos y ambicionamos por las cosas que ya tenemos porque a menudo nos decimos a nosotros mismos: "No encontraré otro trabajo como este". "Nunca volveré a tener esta oportunidad". "Si trato de hacer eso, me meteré en problemas."

Lo que quiero expresar con esta parte es que, genéricamente; los soñadores y muchos otros están fuertemente influenciados por el miedo.

Por otro lado, encontramos a los hacedores. Este grupo se enfoca en la acción en lugar de simplemente hablar o pensar. Algunas personas incluso son admiradas y seguidas por su coraje y dureza.

Un hacedor adopta decisiones todos los días, de hecho, se dice que la cantidad promedio de decisiones remotamente conscientes que un adulto toma cada día equivale a aproximadamente 35,000, en contraste, los niños pequeños solo toman alrededor de 3,000 decisiones cada día.

Los hacedores no tienen miedo de tomar una decisión, de hecho, los emociona. Esto se debe principalmente a que reconocen que es imposible estar en lo correcto las 35,000 veces, como consecuencia no tienen miedo de los riesgos.

Los hacedores tienen un rasgo notable y esa es la capacidad de preguntar. No tienen miedo de preguntar. La forma más rápida de llegar al resultado que deseamos es buscando a otras personas con nuestra misma mentalidad y simplemente pedirles ayuda. Sin embargo, muchas personas tienen miedo de hacerlo.

Ya sea por riesgo a fracasar o quizás tengan miedo de hablar con extraños.

Un ejercicio muy simple pero bastante interesante es mirar alrededor y simplemente preguntar. Déjame explicarte, cada vez que vayas a un restaurante, pregúntale al camarero o la camarera por sus nombres y conoce un poco de ellos. Pregúntales cuál es su plato favorito del menú.

Cada vez que te encuentres caminando por la calle, pregunta a un extraño la hora, sí, incluso si sabes o tienes un teléfono, simplemente di algo como: "Sólo quería confirmar que la hora de mi reloj (o teléfono) funcionaba bien". O bien, si te gusta una chica o un chico, cualquiera que sea el caso es simplemente dejar ir tu miedo y

¡preguntar! "¿Saldrías conmigo en una cita?" Si dice sí, ¡genial! Si no, pregunta por qué.

Esa es una de las formas que puedes usar para evaluarte y mejorar.

Digamos que conoces o sabes de una persona muy exitosa, ¿por qué no presentarte ante ella? Son personas normales como tú y yo, además, a menudo les encanta ayudar a otros con grandes causas, ¿por qué no les pides que te asesoren o te concedan una entrevista para que puedas aprender más de ellos? Que por cierto, digo estas cosas por experiencia propia.

En el peor de los casos, te rechazan o algunas personas piensan que eres raro (sí, experiencia personal). En el mejor de los casos, haces muchos amigos y conexiones dondequiera que vayas, experimentas el mundo y cómo es interactuar y relacionarte con otras personas fascinantes que nunca hubieras conocido a menos que tomes medidas y ¡PREGUNTES!

Preguntar es por mucho una de las habilidades más importantes que debes dominar, ¿por qué? Porque si deseas comenzar algo como un negocio, un proyecto o lo que sea, nunca tendrás todos los recursos que necesitas, por lo que la única manera de ir del punto A al punto B es pidiendo ayuda o apoyo de otros. Lo que sea que tú necesites otra persona lo tiene. Así de simple.

El problema es que muchas personas no usan su *preguntar* o *pedir*, pero debes hacerlo para poder actuar y hacer que tus sueños se hagan realidad.

*"No pidas que la situación
sea más fácil, pide ser mejor."
-Jim Rohn*

Toma Acción

Lista de quehaceres:

1- para este tema en particular, quiero que generes tantas preguntas como sea posible y cada vez que vayas a la escuela, al trabajo, al cine, al restaurante, etc. Quiero que le preguntes algo a dos o tres personas. Solo crea una pequeña conversación y trata de aprender algo de cada uno.

2- Lo siguiente, quiero que escribas tus ambiciones en un papel y mira a tu alrededor, encuentra a las personas que ya están haciendo lo que quieres de la vida y quiero que les pidas una oportunidad para entrevistarlos, crea un cuestionario para ellos. Así podrás aprender como lo hicieron.

Lee, Piensa Y Cambia
Últimas ideas

A estas alturas ya deberías entender lo importante que es aprender y mejorar constantemente para desarrollar nuestro carácter. Pasamos una parte muy importante de nuestras vidas en la escuela, pero también pasamos toda nuestra vida aprendiendo.

Quizás la mayoría de las cosas que aprendiste en este libro son controversiales, pero me alegro de que lo sean porque estoy comprometido a desafiar la forma convencional en que vemos las cosas. El sistema escolar no enseña realmente algo que es esencial. La capacidad de cómo aprender, en lugar de qué aprender.

¿Qué es diferente aquí?

En lugar de enseñarle a un individuo cómo memorizar las respuestas correctas, pregunta cómo involucrar sus propias mentes en un proceso de cómo encontrar una respuesta lógica al cuestionar las cosas, y conozco este proceso como *Pensamiento Crítico*.

El pensamiento crítico es importante porque enseña cómo ser adaptativo, cómo innovar para resolver problemas y mantener viva la chispa de la curiosidad. En consecuencia, ya no tienes que someter a una persona a que aprenda porque realmente quieren entender. En otras palabras, no hay necesidad de imponer el aprendizaje.

Muchas veces encontraremos preguntas como éstas:
¿Cómo sabes que funciona?
¿Cómo demuestras que eso es verdad?
¿Aprenderías a andar en bicicleta de un libro?
¿Aprenderías a nadar de un libro?

Tanto el sistema escolar como la opinión de otros no te enseñan el estrés, la presión, cómo lidiar con los reveses y los rechazos. Las cuales son cosas que necesitamos experimentar ¿por qué? Debido a que estas son algunas de las cosas más importantes que debemos dominar para aprender a enfrentar los obstáculos.

Supongamos que estás realizando un examen y que no sabes las respuestas a una pregunta y le preguntas a uno de tus compañeros.
¿Cómo se llama eso?
¡Trampa! eso es correcto.

¡Pero adivina que!
En la vida real se llama trabajo en equipo.
En la vida real aprendemos de nuestros errores, pero de nuestros padres o en la escuela, nosotros somos castigados por cometer errores, por lo que cuando estamos listos para entrar en el mundo real, tenemos miedo de cometer errores. Como consecuencia, dejamos de progresar y dejamos de aprender cosas nuevas.

Enseñar a pensar fuera de la caja o tomar riesgos no es su intención en absoluto. Nos enseñan cómo jugar de manera segura, tener un trabajo seguro, ganarse la vida, retirarse y vivir del gobierno.

El propósito de la educación debe ser entendernos más a nosotros mismos.
¿Cuáles son tus debilidades?
¿Cuáles son tus puntos fuertes?
¿Qué dones posees?
¿Cómo puedes hacer de este mundo un lugar mejor?
¿Qué tipo de valor le vas a dar al mundo?
¿Cómo puedes ser el mejor tú?
No solo académicamente.

No es extraño para la gente que haya tantas formas de inteligencia y, ¿por qué no aprendemos eso? ¿Cómo es que los padres o maestros no animan a los estudiantes a desarrollar esas habilidades y talentos?

En lugar de simplemente dar la respuesta, necesitamos proporcionar fórmulas y diferentes formas de llegar al resultado para producir un pensamiento crítico y despertar la curiosidad.

De esta manera, las personas podrán desarrollar sus propios métodos para generar ideas que surjan a través de las interacciones entre otras personas, lo cual se reduce significativamente debido al avance de la tecnología y, al mismo tiempo, deja atrás el avance de la educación.

La forma más efectiva de aprender es a través de la experimentación. Practicando y desechando lo que no necesitamos, asimilar cualquier cosa que pueda ayudarnos a obtener el resultado que deseamos y esto es algo que muchas personas intelectuales llama *dominio*.

Este mundo ha progresado y ahora más que nunca necesitamos personas que piensen de manera creativa, innovadora, crítica, independiente y con la capacidad de conectar con otros.

Los estudiantes somos un pequeño porcentaje de la población, pero somos el cien por ciento del futuro

¡Podemos y debemos cambiar este mundo!

Ahora, quiero decirte que en cualquier cosa que quieras convertirte o cualquier cosa que quieras tener debe estar escrita donde puedas verla constantemente. Ten grandes metas y sueños. La gente común sueña poco y piensa en metas alcanzables. La gente común se conforma con las sobras.

¿Por qué estoy diciendo todo esto ahora?

Bueno, nos enseñan a ser realistas y moderados en todo lo que hacemos. Y uno de mis mayores arrepentimientos en la vida es que nadie me dijo que le apuntara a la luna cuando era más joven.

Ya sea que quieras aceptarlo o no, los grandes pensadores son los que cambian el mundo. El pensamiento realista, las metas pequeñas, las acciones moderadas no te darán motivación. Y el problema que la mayoría de las personas tiene es que tienen metas tan pequeñas (si las tienen) que prefieren enfocarse en sus problemas. ¿Lo ves? Cuando tu atención no está cautivada por grandes objetivos, te distraes con cosas estúpidas.

Si te encuentras pensando demasiado en tus problemas, tus metas no son lo suficientemente grandes.

Como dije al principio de este libro. Quiero que utilices esta información, no solo hojearla. Rodéate de todo lo que pueda inspirarte, aprende de grandes personas, porque la vida es demasiado corta como para perder tiempo preciado sin ninguna guía. El mentor adecuado puede ayudarte a centrar tu atención en el material correcto. Piensa en grande, actúa con confianza y alcanza su máximo potencial.

Finalmente, quiero dedicar esta parte para agradecerte por leer este libro. Probablemente no nos conozcamos, pero quiero expresar mi más sincera gratitud por tomar algo de tu tiempo para dedicarlo a las enseñanzas que encontraste aquí.

Espero que te hayan ayudado a comprender algunos de los "secretos de la vida". Si realmente sigues las rutinas escritas aquí, creo firmemente que pronto te encontrarás haciendo lo que quieras de esta vida.

Te animo a salir y hacer que cada segundo sea divino. La vida es demasiado corta como para desperdiciarla en cosas estúpidas sin ningún valor verdadero.

Siempre debes recordar que la imagen que tienes de ti mismo es la que más cuenta. Puedes mentirle a tu familia y amigos, pero nunca puedes mentirle a la persona que está en el espejo.

Usa la información y aplícala. Conviértete en el gran líder que deseas ser. Muchos te juzgarán y muchos intentarán matar tus sueños, pero si te mantienes fiel a ti mismo y fortaleces tu auto-confianza en ti mismo, eventualmente los demás querrán estar cerca de ti y seguirte. Sé el primer cambio que quieres ver a tu alrededor y sé luz para los demás. Aprende y educa a quienes necesitan tus talentos y habilidades y ayúdalos a crecer.

"Si quieres que todo a tu alrededor cambie, debes leer, pensar y cambiar tú primero."

-Isaac Santana

Reconocimientos

En memoria a;

Ángel Rafael santana tejada (1966-2018)

Joaquín Mateo Santana Tejada (1968-2014)

Que descansen en paz, sin ustedes nada de esto hubiera sido posible. Hasta que los vea de nuevo.

Sobre el autor

Isaac Santana Peña

Mi nombre es Isaac Santana. Nací en una pequeña ciudad llamada Santiago, ubicada en el corazón de República Dominicana. Cuando era niño no era el centro de atención. Me sentí muy inadecuado durante mis años escolares, aunque agradezco a todos mis viejos amigos por los buenos recuerdos.

Cuando era pequeño sentía amor por la innovación y los inventos, quería ser como Albert Einstein, lamentablemente cuando crecí ese sentimiento disminuyó y no sentía pasión por nada.

Comencé a leer activamente y me enamoré del aprendizaje. Muy pronto recibí grandes oportunidades que cambiaron mi vida enormemente.

Gracias a mi amor por el aprendizaje, descubrí cosas que no sabía que existían.

www.ingramcontent.com/pod-product-compliance
Lightning Source LLC
Chambersburg PA
CBHW030719220526
45463CB00005B/2118